DIE REIHE
Archivbilder

BAD BERGZABERN

ERINNERUNGEN IN BILDERN

DIE REIHE
Archivbilder

BAD BERGZABERN
ERINNERUNGEN IN BILDERN

Günther Volz

SUTTON
VERLAG

Sutton Verlag GmbH
Hochheimer Straße 59
99094 Erfurt
http://www.suttonverlag.de

Copyright © Sutton Verlag, 2003

ISBN 3-89702-520-5

Druck: Midway Colour Print, Wiltshire, England

Inhaltsverzeichnis

Einleitung	7
Bildvorlagen	9
Literatur	10
1. Stadtansichten	11
2. Ein Gang durch die Geschichte der Stadt	17
3. In und um Bergzabern	35
4. Wirtschaftsleben	57
5. Von der Rebe bis zum Glase	73
6. Kneippen und Kuren	85
7. Freizeit	97
8. Schulen	109
9. Kirchen	117
10. Partnerstädte	125

Wappen der Stadt Bad Bergzabern. In der oberen Schildhälfte ein roter, nach rechts schreitender Löwe mit blauen Krallen und blauer Zunge in Gold; in der unteren Schildhälfte ein roter, schwebender, gestürzter Zwillingssparren in Silber.

Einleitung

Stadtgeschichte

Bad Bergzabern liegt am Ostrand des Wasgaus, wo der Erlenbach in den Rheingraben eintritt. Zum ersten Male wurde die Siedlung „Zaberna" in einem Verzeichnis der Güter des Klosters Weißenburg erwähnt, das auf den Anfang des 10. Jahrhunderts datiert ist. Dem Siedlungsnamen „Zaberna" liegt das römische „taberna" zugrunde, das „Gaststätte" oder „Raststätte" bedeutet. 1286 verlieh König Rudolf von Habsburg auf Bitten der Grafen Eberhard I. und Walram I. von Zweibrücken deren Dorf „Zabern" die Stadtrechte. Erst am Ende des 14. Jahrhunderts tauchte die Namensform „Bergzabern" auf, zur Unterscheidung von Zabern im Elsass (Saverne) und Zabern am Rhein (Rheinzabern).

Über 400 Jahre waren Pfälzer Wittelsbacher die Stadtherren von Bergzabern. Der Begründer der Zweibrücker Linie des Pfälzer Hauses war Herzog Stephan (1410-1459). Um 1525 fanden reformatorische Lehren Eingang im Herzogtum Zweibrücken. Herzog Johann I. (1569-1604) führte eine reformierte Kirchenordnung ein. Die kriegerischen Ereignisse zwischen 1618 und 1714 führten zu schweren Verwüstungen im südpfälzischen Gebiet. Ein Drittel der Stadt Bergzabern war eingeäschert; viele Ortschaften in der Umgebung waren entvölkert. Unter der Regierung von Gustav Samuel Leopold (1719-1731) wurden viele private und öffentliche Gebäude wieder aufgebaut, unter ihnen das Schloss sowie das Ritterhaus und die Landschreiberei. Die Stadt war wirtschaftlicher und politischer Mittelpunkt der Südpfalz. Der Einzugsbereich des Marktes reichte von der Burg Berwartstein bis vor die Tore der Stadt Billigheim. Der Oberamtmann von Bergzabern verwaltete die Besitzungen des Zweibrücker Herzogs in der Südpfalz und im Elsass.

Mit Beifall nahmen viele Südpfälzer die Ideen der Französischen Revolution auf. 1792 kündigten Bewohner der Stadt und der Dörfer des Oberamtes ihrem Landesherren die Treue und beantragten ihren Anschluss an die Französische Republik. Sie riefen mit weiteren südpfälzischen Gemeinden einen „Freistaat" aus. Der Pariser Konvent beschloss 1793 die Reunion des südpfälzischen Gebiets. Die Stadt Bergzabern wurde Sitz der Verwaltung eines Kantons im Arrondissement Weißenburg des Departements Nieder-Rhein. Im zweiten Pariser Frieden 1815 verzichtete Frankreich auf den Landstrich zwischen Lauter und Queich; er kam 1816 mit anderen linksrheinischen Gebieten an das Königreich Bayern. Die Stadt Bergzabern wurde Sitz eines Landkommissariats im Rheinkreis Bayerns, der 1837 den Namen „Pfalz" bekam.

Als im Jahre 1871 die Provinzen Elsass und Lothringen an Frankreich kamen, war die Südpfalz wieder ein Grenzland. Kriegsschauplatz wurde sie am Anfang und am Ende des Zweiten Weltkriegs. Als Einheiten der US-Armee im März 1945 Bergzabern einnahmen, waren große Teile der Altstadt zerstört. Die Pfalz bildete 1947 mit anderen rheinischen Gebieten das Land

„Rheinland-Pfalz". Bergzabern war weiter Sitz von Behörden, die die bayerische Regierung schon errichtet hatte. Seit 1964 darf sich Bergzabern als „Bad" bezeichnen. Als 1969 die Landkreise Bergzabern und Landau vereinigt wurden, verlor die Stadt eine Reihe von Funktionen. Der neue Landkreis bekam 1978 den Namen „Südliche Weinstraße". Die Verwaltungsreform von 1972 führte zur Bildung einer Verbandsgemeinde, zu der die Stadt Bad Bergzabern und 20 weitere Gemeinden der Südpfalz gehören. Der Sitz der Verwaltung ist das Schloss von Bergzabern.

Siedlung

Die Siedlung bekam nach 1286 eine Befestigung, die aus einem Mauerring, einem Wassergraben und einem Außenwall bestand. Die Mauer erreichte eine Höhe von sechs Metern; sie besaß auf der Innenseite einen Wehrgang, der teilweise an der Nordwestecke erhalten ist. Mauertürme standen an der Nordwest-, Südwest- und Südostecke der Befestigung; die Nordostecke nahm der Schlossbau ein. Der Mauer vorgelagert waren der Baechtelsturm im Süden und der Bauernturm im Osten. Die Stadt wies zwei Tore auf: das westliche Obertor und das östliche Untertor, vor denen schon im Jahre 1600 Vorstädte entstanden waren. Teile der Befestigung wurden zu Beginn des 19. Jahrhunderts niedergelegt, vor allem die Stadttore wie der Baechtelsturm und der Bauernturm. Die Dämme wurden abgetragen und die Gräben zugeschüttet. Als Umgehung wurde der Breite Weg im Süden der Stadt ausgebaut, die heutige Weinstraße.

Am Ende des 19. Jahrhunderts wuchsen vor allem die beiden Vorstädte. In der unteren Vorstadt war ein neues Viertel um den Bahnhof entstanden, der 1898 fertig geworden war. Eine Reihe von Landhäusern stand schon auf der Insel, wie die Leute den früheren Schlossgarten nannten. Am meisten wuchs die obere Vorstadt im Westen an. Sie erhielt ihren Blickfang mit der neugotischen Martinskirche und dem Ludwigsplatz, wo der Verschönerungsverein eine Anlage schuf. In den 1880er-Jahren entstanden auch die ersten Villen am Rande des Stadtwaldes; viele Höfe und Mühlen im Tale des Erlenbaches wurden in „Sommerfrischen" umgewandelt. Um 1900 standen schon zehn Kurhäuser am Erlenbach. Das Mühlental bekam nun die Bezeichnung „Kurtal".

Wirtschaft

Bis ins 19. Jahrhundert fanden die meisten Bewohner ihr Auskommen in den Bereichen Handel und Gewerbe. Viele von ihnen waren noch auf einen Nebenerwerb durch Acker- und Weinbau angewiesen. Doch der Prozess der Industrialisierung hatte auch hier große Auswirkungen auf die berufliche und soziale Struktur der Bevölkerung. Die Existenz vieler Handwerker war gefährdet, weil ihre Erzeugnisse durch die billigeren Fabrikwaren von den Märkten verdrängt wurden. Die einen wechselten in andere Gewerbe, die anderen rüsteten ihre Werkstätten mit elektrischen Maschinen aus. Die elektrische Kraft nutzten um 1900 in Bergzabern schon ein Dutzend Handwerker: Bäcker und Metzger, Buchdrucker, Gerber und Küfer. Nur zwei Betriebe verfügten über einen Dampfkessel: eine Sägemühle und eine Ziegelhütte.

Im 20. Jahrhundert verzeichneten der Handel sowie der Bereich der Dienstleistungen einen Zuwachs. In Bergzabern wurden drei Jahrmärkte und zwei Wochenmärkte abgehalten, auf denen vor allem Landleute aus der Südpfalz ihre Erzeugnisse feilboten. Die Händler der Stadt kauften den größten Teil des südpfälzischen Hopfens auf; die Weine aus der Region vermarkteten vor allem die Bergzaberner Weinhändler. Neue Arbeitsplätze wurden in den Bereichen Fremdenverkehr, Banken- und Verkehrswesen sowie im öffentlichen Dienst geschaffen.

Eine Stütze der städtischen Wirtschaft sollte vor allem der Kurbetrieb werden. Um 1900 wurden die ersten Hotels und Pensionen im Kurtal eröffnet. Der Besitzer der Neumühle, Georg Holler, war der Erste, der eine Pension in seinem Hause betrieb. Aus der Hollerschen Mühle wurde das „Kurhaus Waldmühle". 1892 wurde die Heilanstalt von Dr. Eduard Tischberger eröffnet, der die Kneippschen Heilverfahren in Bergzabern eingeführt hatte. Die „Fremdenliste" von 1900 wies schon 2.000 Gäste auf; die meisten kamen aus den süddeutschen Ländern, ein paar schon aus dem Ausland. Diese Entwicklung wurde durch die beiden Weltkriege unterbrochen. Einen großen Aufschwung hatte der Kurbetrieb erst in der Mitte des 20. Jahrhunderts genommen. Auf den Rötzwiesen wurde ein Kurpark angelegt und ein Thermalbad gebaut, das die „Petronella-Therme" speist. 1984 wurde das Haus des Gastes fertig gestellt, das den Rahmen für die verschiedensten kulturellen Aktivitäten bietet. Neue Kurhäuser und Kliniken wurden eröffnet. Die Zahl der Gäste stieg zwischen 1950 und 2000 von 5.000 auf 50.000 jährlich. Das Thermalbad zählte im Jahre 2002 über l50.000 Besucher.

Bevölkerung

Vor dem Dreißigjährigen Krieg zählte Bergzabern etwa 1.000 Einwohner. Die Stadt verlor in den Kriegen zwischen 1618 und 1714 mehr als zwei Drittel ihrer Bürger. Während des 18. Jahrhunderts konnte der Bevölkerungsverlust wieder ausgeglichen werden, vor allem durch die Zuwanderung von Reformierten aus der Schweiz und aus Frankreich. Am Ende des Jahrhunderts lebten schon 2.000 Menschen in Bergzabern. Im Jahre 1960 gab es über 5.000 Bergzaberner, ein Fünftel waren Vertriebene oder Zuwanderer aus der ehemaligen DDR. Die Stadt nahm auch in den 1990er-Jahren viele neue Bürger auf, ein Großteil von ihnen waren Spätaussiedler. Die Zahl der Einwohner stieg auf 8.000. Von ihnen sind 48 Prozent evangelisch und 44 Prozent katholisch. Die Vorderpfälzer sprechen eine rheinfränkische Mundart.

Bildvorlagen

Die ältesten Ansichten von Bergzabern begegnen uns in den topografischen Werken von Sebastian Münster (1544), Daniel Meissner (1630) und Matthäus Merian (1645). Am Ende des 18. Jahrhunderts entstanden die ersten Zeichnungen der Stadt Bergzabern (Häckher und Zix). Nach 1870 entdeckten die Fotografen die Baudenkmale Bergzaberns, vor allem das Gasthaus „Zum Engel" und das Schloss. Die ältesten Aufnahmen stammen aus dem Landauer Atelier von J.F. Maurer. 1919 wurde das erste Fotohaus Bergzaberns von Franz Bücheler sen. gegründet, 1973 von Rolf Goosmann übernommen. Rolf Goosmann lieferte für diesen Bildband viele ältere Lichtbilder aus seinem Archiv. Wir verdanken ihm auch eine Reihe von neuen Aufnahmen und die Reproduktionen. Unser Dank gilt ferner Rolf Übel, der uns manche Aufnahme aus dem Stadtarchiv zur Verfügung stellte.

Literatur

ANTON ECKARDT: *Die Kunstdenkmäler der Pfalz*, IV. Bezirksamt Bergzabern, München 1935 (mit der älteren Literatur).

ERICH HEHR: *Bad Bergzabern*, in: Berichte zur deutschen Landeskunde 33 (1964).

HANS HESS: *Bergzabern*, in: Städtebuch Rheinland-Pfalz / Saarland, Stuttgart 1964.

ADALBERT PEMÖLLER: *Bad Bergzabern*, in: Luftbildatlas Rheinland-Pfalz, Neumünster 1970.

MICHAEL GEIGER, GÜNTER PREUSS, KARL-HEINZ ROTHENBERGER: *Die Weinstraße. Porträt einer Landschaft*, Landau i.d. Pfalz 1985.

GÜNTHER VOLZ: *Bergzabern 1838*, in: Pfalzatlas, Speyer 1989.

1
Stadtansichten

Berg Zabern.

Die Römer haben vor zeyten bey dē Rhein drey tabernen oder höres läger gehabt/ nemlich zů Elsaß Zabern/ zů Rhein Zabern vnnd zů Berg Zabern/ das ein meyl wegs vnder Weyssenburg ligt/ vnnd ist vnder dem hertzogē von Zweibrucken. Als aber der schwartz hertzog nälich hertzog Ludwig wider den Chürfürstē was/ Pfaltz graue Friderichē/ nam jm der Chürfürst anno Christi 1455. das gemelt stettlin/ gabs jm doch wider der zůuersicht/ er würd nimmer mere wider die Pfaltz thůn/ das er doch nit hielt.

Die Ansicht zeigt nur die typischen Merkmale einer Stadt. Der Holzschnitt stammt aus der „Cosmographia" von Sebastian Münster, Basel 1544.

Die erste Ansicht der Stadt von Osten entstand vor dem Dreißigjährigen Krieg. Der Kupferstich stammt aus der „Topographia Palatinatus Rheni" von Matthäus Merian, Frankfurt am Main 1645.

Blick von Westen auf das Weißenburger Tor, vor dem die obere Vorstadt und der Zimmerplatz liegen. Zeichnung von Benjamin Zix, Straßburg 1794.

Stadtansicht von Süden aus der ersten Hälfte des 19. Jahrhunderts. Zeichnung von Johann Gottfried Gerhardt, Landau 1824.

Stadtansicht von Osten aus der ersten Hälfte des 20. Jahrhunderts. Zeichnung von Heinrich Strieffler, Landau.

Bergzabern vom Altenberg und vom Mühlental aus gesehen. Beide Aufnahmen machte der Landauer Fotograf J.F. Maurer im Jahre 1879.

In den 1890er-Jahren tauchten die ersten kolorierten Grußkarten auf, verlegt von Karl Weiss, einem Buchhändler aus Bergzabern.

Vom Glockenturm blickt man über die Stadt bis zum Wonneberg, Foto um 1930.

„Kur- und Grenzstadt Bergzabern an der Deutschen Weinstraße", 1936 aus dem Flugzeug aufgenommen.

2
Ein Gang durch die Geschichte der Stadt

Der Ort „Zaberna" wurde zum ersten Mal in einem Güterverzeichnis des Klosters Weißenburg erwähnt, das auf den Anfang des 10. Jahrhunderts datiert ist. Das lateinische „Taberna" ist im Deutschen zu „Zabern" geworden.

Am 21. April 1286 verlieh König Rudolf von Habsburg dem Dorf „Zabern" die Rechte der Stadt und der Bürger von Hagenau. Die Stadtrechtsurkunde wurde mit dem Majestätssiegel versehen. Die Zeichnung stammt von Gertrud Brauner.

Nach der Verleihung der Stadtrechte wurde die Stadt mit einer Mauer und mit Türmen befestigt. Der „Dicke Turm" bildet die Nordwestecke des Mauerringes. Das Foto entstand in den 1930er-Jahren.

Truppen der Österreicher kämpften 1793 in den Straßen Bergzaberns gegen Einheiten der französischen Revolutionsarmee. Zeichnung von Frédéric Régamey, Straßburg 1905.

Als Zeichen des Napoleonskultes gelten manche der Ruhebänke, die in den 1810er-Jahren an den Südpfälzer Straßen errichtet wurden. Die Bergzaberner „Napoleonsbank" auf einem Foto der 1960er-Jahre.

Laut Amtsblatt vom 18. Februar 1818 wurde die Stadt Bergzabern Sitz eines Landkommissariats im Rheinkreis Bayerns.

Das Verwaltungsgebäude des Landkommissariats konnte 1830 bezogen werden, Foto von 1879.

Am Ende des 19. Jahrhunderts entstanden eine Reihe von Gebäuden für die einzelnen Dienststellen der Verwaltung, wie das Eichamt (oben) und das Forsthaus sowie das Amtsgericht (unten).

Königl. Forsthaus und Königl. Amtsgericht

Am 1. August 1914 wurde der Mobilmachungsbefehl in der Stadt Bergzabern bekannt. Während des Ersten Weltkriegs kämpften die Bergzaberner in den Reihen der bayerischen Armee an allen Fronten. Das Foto stammt von Heinrich Doll.

Im Sommer 1914 trafen die ersten Verwundeten in der Stadt ein, als Lazarette dienten die „Luisenruhe" und der „Liebfrauenberg".

Die Frauen übernahmen die Arbeit der Männer, die an der Front standen.

In der Heimat übte der Landsturm und diskutierte der Stammtisch.

Nach 1918 erhielt Bergzabern eine italienische und später eine französische Besatzung. Die Darbietungen der italienischen Militärkapelle vor dem Schloss lockten Groß und Klein an.

Die Südpfalz wurde wieder ein Grenzland. Die Reichsgrenze bildete wie schon 1816 der Lauterfluss. Die Aufnahme zeigt das Zollamt von Schweigen.

1930 wurde das Denkmal für die Toten des Ersten Weltkriegs auf dem Ludwigsplatz eingeweiht.

1938 zogen die ersten Einheiten der Wehrmacht in die neuen Kasernen ein, die nach dem Feldmarschall von Mackensen benannt wurden. Das Bild zeigt die Begrüßung auf dem Messplatz von Bergzabern.

Nach 1933 folgte ein Aufmarsch dem anderen, eine Sammlung der anderen.

Noch jubelten Bewohner von Bergzabern, als die NS-Größen durch die Stadt fuhren.

Nach dem Kriegsausbruch 1939 war die Stadt „geräumt". Plünderern drohte die Todesstrafe.

Die „Ortskommandantur" posierte vor dem Rathaus.

Im Frühjahr 1945 standen die Menschen vor den Trümmern ihrer Habe und ihrer Häuser.

Im Jahre 1960 rückten Einheiten der Bundeswehr in die Kasernen ein. Auf dem Marktplatz wurden die Soldaten von den Spitzen der Verwaltung begrüßt.

Im Jahre 1986 feierten die Bergzaberner den 700. Jahrestag der Verleihung der Stadtrechte. In einem Festzug präsentierten sich die Bürger in historischen Kostümen und mit historischen Geräten.

Zum Abschluss des Jubiläums gab es einen bunten Abend im Festzelt.

3
In und um Bergzabern

Das Schloss der Herzöge von Zweibrücken ist eine Vierflügelanlage aus der Zeit der Renaissance. Nach Zerstörungen im 17. Jahrhundert wurden Teile in barocken Formen wieder aufgebaut. Das Foto zeigt den Schlossbezirk um 1900.

Das Portal im Innenhof des Schlosses von 1530.

Das Westportal von 1579 war früher der Haupteingang des Schlosses. Die Postkarte stammt aus den 1920er-Jahren.

1909 zerstörte ein Brand große Teile der Anlage.

Zwei Jahre später war der Wiederaufbau abgeschlossen; verändert waren nur die Barockhauben der Ecktürme.

Der Schlossbezirk in den 1930er-Jahren; auf der Ostseite des Platzes steht die Turnhalle (heute Schlosshalle).

Heute ist das Schloss der Sitz der Verwaltung von Stadt und Verbandsgemeinde Bad Bergzabern.

Das Amtshaus der Zweibrücker Herzöge vom Ende des 16. Jahrhunderts. Seit dem Jahre 1802 ist es das Gasthaus „Zum Engel". Das Foto entstand um 1900.

Das Gasthaus auf einer Postkarte von 1914.

Die Stadt wurde 1980 Eigentümer des Hauses, dessen Renovierung fünf Jahre später abgeschlossen war.

Das renovierte Gasthaus wurde von Bürgermeister Rudolf Wagner den Bürgern übergeben.

Wir blicken durch die Königstraße – um 1900 in östliche Richtung …

… und um 1930 in westliche Richtung. Dies war die Durchgangsstraße, bis der Breite Weg im Süden als Umgehung ausgebaut war (heute Weinstraße).

Die Ecke Königstraße / Kirchgasse. Die alten Fachwerkbauten wurden 1928 durch das Kaufhaus von Heinrich Bossert ersetzt.

Von der Königstraße schauen wir nach Norden in die Pfarrgasse …

… und nach Süden in die Pfluggasse. Beide Aufnahmen stammen aus den 1930er-Jahren.

In der Regel wurden zwei Wochenmärkte in der Stadt abgehalten. Heute werden hier vor allem Viktualien angeboten. Die Aufnahmen entstanden in den 1930er-Jahren.

Ein Blick durch die Marktstraße nach Westen, zur Rechten steht ein Gebäude aus der Zeit der Renaissance.

Ein Blick durch die Marktstraße nach Osten, zur Linken das Rathaus von 1705.

Der Glockenturm der Marktkirche weist die Baustile dreier Epochen auf: der mittelalterliche Turm wurde im 14. und im 18. Jahrhundert aufgestockt.

Die Aufnahme des Messplatzes von 1935 zeigt das Schulhaus der reformierten Gemeinde zwischen Kirche und Turm und zur Rechten die Synagoge der jüdischen Gemeinde.

Bis 1945 stand in der unteren Marktstraße das Gasthaus „Zum Schwanen".

Das Haus Koch am Plätzl war an die östliche Stadtmauer angebaut.

Der Ludwigsplatz wurde nach dem Bayernkönig Ludwig I. benannt. Der Erlenbach floss noch offen durch die Stadt.

Der Stadtrat in den 1930er-Jahren neben dem Gedenkstein auf dem Ludwigsplatz, der an den Aufenthalt des preußischen Kronprinzen 1870 erinnert.

Die Straße ins Kurtal bekam 1898 den Namen „Kaiser-Friedrich-Straße", oben um 1920 und unten um 1940 aufgenommen.

In der Gründerzeit wurden viele Villen im Kurtal und am Neuberg gebaut.

Die Pläne für diese Villa in der Zeppelinstraße entwarf der Architekt Karl Barth. Das Foto stammt aus dem Jahre 1914.

Bergzabern, Eingang in das Kurtal

Blicke ins Kurtal und vom Kurtal auf Grußpostkarten von 1914.

Bergzabern, Blick vom Kurtal in die Stadt.

Am Eingang des Böllenborner Tals sehen wir zur Linken die „Villa Karlsberg". Das Gelände nehmen heute die Anlagen des „Parkhotels" ein.

Das Wasser des Erlenbachs trieb die Räder der Sägemühle von Augspurger an. Mit der Mühle war ein Gasthof verbunden.

Das Frauenberger Hofgut wurde 1899 vom St.-Paulus-Stift übernommen und als Kranken- und Kurhaus ausgebaut.

1913 wurde das Haus nach Plänen des Architekten Albert Boßlet umgestaltet.

Gruss von der Villa Pistor bei Bergzabern

Die „Villa Pistoria-Paillet" wurde 1862 von Daniel Friedrich Pistor erbaut, der als Redner auf dem Hambacher Volksfest bekannt wurde.

Die Villa auf dem Altenberg hatte der Fabrikant Emil Hüchelbach erbaut. Das Haus wurde 1921 ein Heim für Waisen, das von Marburger Diakonissen geleitet wurde.

Ein beliebtes Ausflugsziel war und ist der Turm auf dem Stäffelsberg bei Dörrenbach – der alte wurde 1947 gesprengt, 1964 konnte der neue eingeweiht werden.

Wir blicken von dem Turm auf die Rheinebene.

55

Das Dorf Blankenborn wurde 1971 ein Ortsteil von Bad Bergzabern. 1879 fotografierte es J.F. Maurer und heute Rolf Goosmann.

4
Wirtschaftsleben

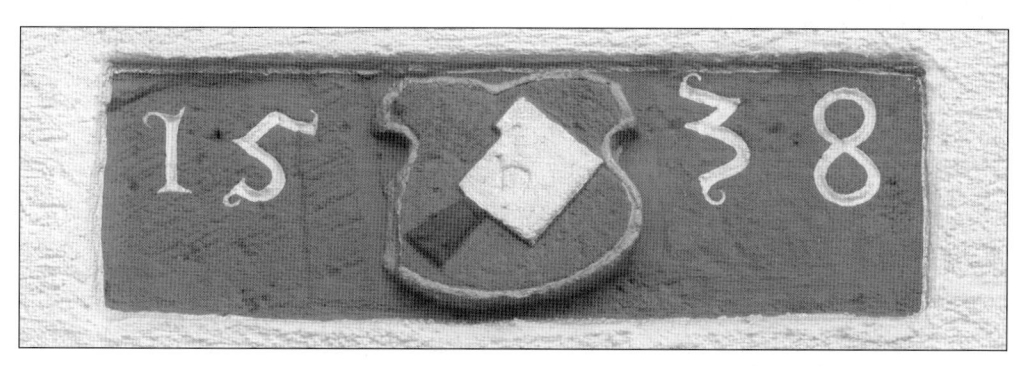

Die Bewohner der Stadt übten bis ins 20. Jahrhundert vor allem ein Gewerbe aus. Die Hauszeichen erinnern an das alte Handwerk.

Nach getaner Arbeit beim Holzschuhmacher Louis Spreng wurde auch feste gefeiert.

Zu Beginn des 20. Jahrhunderts waren noch die verschiedensten Mühlen auf beiden Ufern des Erlenbaches in Betrieb: Getreide-, Öl-, Säge- und Walkmühlen. Das Foto um 1900 zeigt die Martelsmühle und die Reinhardsmühle (heute Kurhaus „Pfälzer Wald").

Die Schmackenmühle stand an der Stelle, wo die Kneippstraße auf den Weg zum Wonneberg trifft.

Über 100 Jahre sind schon im Besitz einer Familie: die Stadtmühle, 1881 von Müllermeister Otto Augspurger erworben, und das Sägewerk, 1893 von Zimmermeister Georg Fath begründet.

Anfang des 18. Jahrhunderts wurde die Wappenschmiede im nahen Pleisweiler errichtet. Meister Heinrich Corell fertigte bis 1945 vor allem landwirtschaftliches Gerät.

Die Tonvorkommen der Umgebung nutzten eine Reihe von Ziegelhütten zur Herstellung von Backsteinen und Dachziegeln.

Der Betrieb von J. und X. Bentz stellte 1970 die Produktion ein.

Die Möbelwerkstatt Vogel wurde 1895 von Anton Vogel begründet. Das Foto um 1900 zeigt den Meister und seine Belegschaft vor einem Altar aus seiner Werkstatt.

Jakob Friedrich Ziegler gründete 1827 eine Messerschmiede mit einer Hohlschleiferei. Seine Messer und Scheren wurden in viele Länder Europas exportiert. Das Foto der Belegschaft entstand im Jahre 1900.

Heinrich Gillet (1840-1918) ist der Gründer einer Firma, die Blechwaren aller Art fertigte. Ein Verkaufsschlager waren die Signallaternen für die Eisenbahnen. Die Aufnahme zeigt das Sortiment von 1935.

Die Speiseeisgrundstoffe der Firma „Bechtolina", in viele Länder der Welt exportiert, werden noch immer nach den Rezepten des Firmengründers Jean Bechtold (1878-1951) hergestellt. Die Aufnahmen zeigen das Wohnhaus mit Fabrik (oben) und die Belegschaft von 1933 (unten).

In der ersten Hälfte des 19. Jahrhunderts wurden schon Tages- und Wochenblätter in Bergzabern verlegt.

Das Foto zeigt die Belegschaft der Druckerei Pfeifer und Weßbecher, die das „Südpfälzer Tageblatt" bis 1939 verlegte.

Das älteste Geldinstitut ist die Kreissparkasse, 1855 als „Distrikts-Spar- und Hilfskasse" gegründet. Das Gebäude der Sparkasse in der Marktstraße wurde 1937 dem Zeitgeschmack entsprechend errichtet.

1970 konnte der moderne Neubau am Messplatz bezogen werden.

Die Bergzaberner Volksbank wurde 1872 gegründet. Ihr Geschäftslokal wurde 1901 im Anwesen von Moritz in der oberen Vorstadt eingerichtet.

1998 konnte man die modernen Gebäude zwischen der Kurtalstraße und dem Woodbachweg einweihen.

1870 fuhr der erste Zug auf der Bahnstrecke zwischen Winden und Bergzabern.

Der Bahnhof wurde 1898 nach Plänen des Architekten Brunner erbaut.

1914 verließ die letzte Postkutsche Bergzabern; die Stadtväter nutzten nun die modernen Kraftpostwagen.

Eine Zierde des Stadtbildes sollte das Postgebäude in der Königstraße werden. Zur Einweihung waren die Honoratioren der Stadt erschienen.

Man fuhr nun mit dem Automobil vor – beim Hotel „Rössel" wie beim Hotel „Westenhöfer".

5
Von der Rebe bis zum Glase

Im späten Mittelalter waren schon Weinberge in der Gemarkung von Bergzabern angelegt. Der Weinbau war lange ein Nebenerwerb der Bürger. Große Weingüter und -kellereien wurden erst im 20. Jahrhundert gegründet. Weintrauben und Winzermesser sind die Hauszeichen der Winzer.

In den 1950er-Jahren bedeckten die Rebflächen noch große Teile des Altenbergs und des Neubergs.

Ein Opfer der Flurbereinigung wurden die Wingertshäuschen. Eines der letzten am Altenberg war das „Moritzhäuschen".

Ein Grabstein auf dem Bergzaberner Friedhof zeigt einen Winzer, der sich vor seinem Weinberg ausruht. Wir sehen noch eine alte Erziehungsart der Reben: den Kammertbau. Das Foto machte Gerhard Denck.

Ein alter Kammertbau beim Dorf Rechtenbach. Die Zeichnung stammt von Karl Graf, Speyer 1940.

Der Weinberg möchte vom Frühjahr bis zum Spätherbst seinen Herren sehen: Der Rebschnitt und das Ausbrechen des Laubes sind nach wie vor Handarbeit. Die Fotos stammen vom Weingut Hitziger.

Bevor der Traktor zum Einsatz kam, zogen Kühe oder Pferde die Wagen mit den Traubenbütten.

Viele Hände wurden früher bei den Behrets zur Traubenlese gebraucht.

Der Vollernter des Weingutes Knöll und Vogel benötigt für die Lese von einem Hektar nur zwei Stunden.

Man brauchte schon starke Männer zum Drücken der Holzspindelkeltern, die noch am Anfang des 20. Jahrhunderts in Gebrauch waren. Die Zeichnung stammt von Heinrich Strieffler, Landau 1901.

Das Mörzheimer Weingut von Günter Becker besitzt noch eine Holzspindelkelter von 1711. Das Foto stammt von Gerhard Denck.

Ein alter Holzfasskeller im Weingut von Hermann Augspurger, aufgenommen von Gerhard Denck.

Ein Jungwinzer beim Reinigen eines Holzfasses. Das Foto stammt vom Weingut Hitziger.

Eine der modernsten Kellereien der Zeit baute Julius Kimmle 1888 am Breiten Weg (heute Weinstraße). Im Jahre 1978 wurde der Betrieb ins nahe Kapellen verlegt.

Das Anwesen des Weinhändlers Heinrich Lorch von 1938 in der Kurtalstraße. 30 Jahre später baute die Firma in der Kurfürstenstraße eine Großkellerei, in der die Ernte von 550 Südpfälzer Winzerbetrieben verarbeitet wird.

Das Deutsche Weintor und die Deutsche Weinstraße wurden 1935 mit einer großen Schau eröffnet. Das NS-Regime wollte auf diese Weise den Fremdenverkehr und den Weinabsatz fördern.

Das Weintor bei Schweigen. In der Saarpfalz liegt Deutschlands größtes zusammenhängendes Weinbaugebiet. 16 Millionen Rebstöcke liefern hier alljährlich durchschnittlich über 1/2 Million Hektoliter des köstlichen Traubensaftes. Der südlichste Punkt dieses deutschen Weinbaugebiets ist Schweigen und hier steht das stattliche Weintor. Von ihm aus beginnt die 80 km lange Deutsche Weinstraße, die durch malerische Städte und berühmte Weinorte führt.

Eine Attrappe musste bei der Eröffnung das Weintor ersetzen. Zwei Jahre später war der Bau der gesamten Anlage abgeschlossen.

Wir blicken durch das Deutsche Weintor nach Süden.

Die Deutsche Weinkönigin 1955/56 war Irmgard Mohler aus Bergzabern.

Arbeiten von Holzschnitzern aus Bergzabern: Fassböden im „Altdeutschen Hause" von Karl Dubbernell und Reliefs in der „Pfälzer Weinstube" von Fritz Mayer.

6
Kneippen und Kuren

Am Ende des 19. Jahrhunderts fanden mehr und mehr Kurgäste den Weg in das Städtchen Bergzabern. Im Tal des Erlenbachs wurden eine Reihe von Höfen und Mühlen in „Sommerfrischen" umgewandelt. Das „Mühlental" bekam nun die Bezeichnung „Kurtal". Die kolorierte Grußpostkarte stammt aus der Zeit um 1900.

Georg Holler baute 1886 seine Mühle zum „Kurhaus Waldmühle" aus.

Das Kurhaus von Theobald Behret von 1892 besaß neben einem großen Speisesaal, „elektrisch beleuchtet", auch ein kleines Schwimmbecken für Damen.

Bis 1900 wurden noch eine Reihe von Kurhäusern eröffnet: „Westenhöfer" (oben), „Schmitt", „Zum Waldhorn" sowie „Behret" (unten).

1892 führte Dr. Eduard Tischberger die Kneippschen Heilverfahren in seiner Anstalt ein. Die Zeichnung machte Anton Vogel, Bergzabern.

Dem Förderer der Naturheilkunde wurde von seinen dankbaren Patienten ein Gedenkstein errichtet.

Im Jahre 1918 kam das von Tischberger gegründete Sanatorium in den Besitz der Diakonissenanstalt Speyer. Das Haus bekam später den Namen „Friedrichsruhe".

Die Speyerer Diakonissen besaßen in der Nachbarschaft schon das Erholungsheim „Luisenruhe". Die Stifterin war Luise Wolff aus Wachenheim.

Partien am Philosophenweg und am Schwanenweiher in den 1920er-Jahren.

Das Erholungsheim der Ortskrankenkasse von Ludwigshafen wurde 1928 am Wonneberg nach Plänen des Architekten Schittenhelm erbaut.

Den Platz am Wonneberg nimmt heute die „Edith-Stein-Klinik für Orthopädie und Neurologie" ein.

Auf den Rötzwiesen wurde 1928 das erste städtische Freibad eröffnet.

Nach dem Zweiten Weltkrieg war die „Petronella-Quelle" versiegt, die man 1929 auf den Rötzwiesen erbohrt hatte.

Im Jahre 1945 waren die Bergzaberner Kuranlagen in einem ruinösen Zustand.

15 Jahre später war Bergzabern als Kurort anerkannt, die Wandelhalle ausgebaut und auf den Rötzwiesen ein Kurpark angelegt.

Das „Kurhotel Petronella" im Jahre 1962. Das Haus war nach dem Zweiten Weltkrieg französisches Offizierskasino.

Die Bergzaberner feierten 1964 im „Kurhotel Petronella" die Anerkennung als Kneippheilbad. Der neue Name der Stadt ist „Bad Bergzabern".

Die Becken des Thermalbades speist die „Petronella-Quelle", die 1969 wieder erbohrt worden ist.

Das Haus des Gastes im Kurpark bietet den Rahmen für die Aufführung von Bühnenstücken und Konzerten sowie für Festlichkeiten und Konferenzen.

7
Freizeit

Es gab im 19. Jahrhundert zwei bis drei Jahrmärkte, auf denen dem Publikum Attraktionen und Sensationen geboten wurden, vom Artisten über den Moritatensänger bis zum Kinematographen. Die Aufnahme zeigt den Messplatz um 1900.

Anfang des 20. Jahrhunderts gehörten schon Kappensitzungen sowie Maskenbälle und Straßenumzüge zum Programm der närrischen „Hamecker". „Hamecker" ist der Neckname für die Bewohner von Bergzabern. Die Bilder zeigen Maskeraden in den 1930er-Jahren.

In den 1930er-Jahren pflegte man noch das Brauchtum des Sommertages. Nach einem Umzug durch die Stadt wurde der Winter verbrannt – in Gestalt eines Schneemannes oder einer Strohpuppe. Die Kinder trugen Sommertagsbrezeln auf ihren Stecken.

Die Bergzaberner betrieben lange ein seltsames Waidwerk: Sie machten mit Blasrohren Jagd auf Bergfinken, im Volksmund „Böhämmer" genannt. Die Postkarte ist von 1914.

Die Mitglieder des Böhämmer Jagdclubs bewahren bis heute diese Tradition; doch mit ihren Blasrohren schießen sie nur noch auf Blechvögel. Das Foto entstand 1924.

Bei festlichen Ereignissen treten die Böhämmerjäger in ihren schmucken Uniformen auf.

Diese Leute lauern in der Nacht einem Vogel auf, den die Einheimischen unter dem Namen „Elwetrittsche" kennen.

„Waldheil!" ist der Gruß des Pfälzerwaldvereins, dem wir ein gut ausgebautes Netz von Wanderhütten und -wegen verdanken. Die Bergzaberner gründeten 1903 eine der ersten Ortsgruppen.

Eine Bergzaberner Wandergruppe 1935 auf der Hohen Derst.

Die Trachtengruppe der Pfälzer Wäldler 1935 vor dem „Deutschen Weintor".

Die Trachtengruppe besuchte im Jahre 1936 die Stadt Dinkelsbühl.

Das heimische Brauchtum bewahren und Bande mit anderen Folkloregruppen knüpfen, das ist das Ziel der Trachtengruppe, die 1952 neu gegründet worden ist. 1964 waren die Mitglieder in Nîmes.

Die Jugendtrachtengruppe beim Altstadtfest 1985. Der Verein hat allem Anschein nach noch keinen Nachwuchsmangel.

Den Chorgesang pflegten die Männer der „Sängerrunde", 1925 im Gasthaus „Pfälzer Hof" gegründet. Bald sangen sie an der Mosel, bald sangen sie am Rhein.

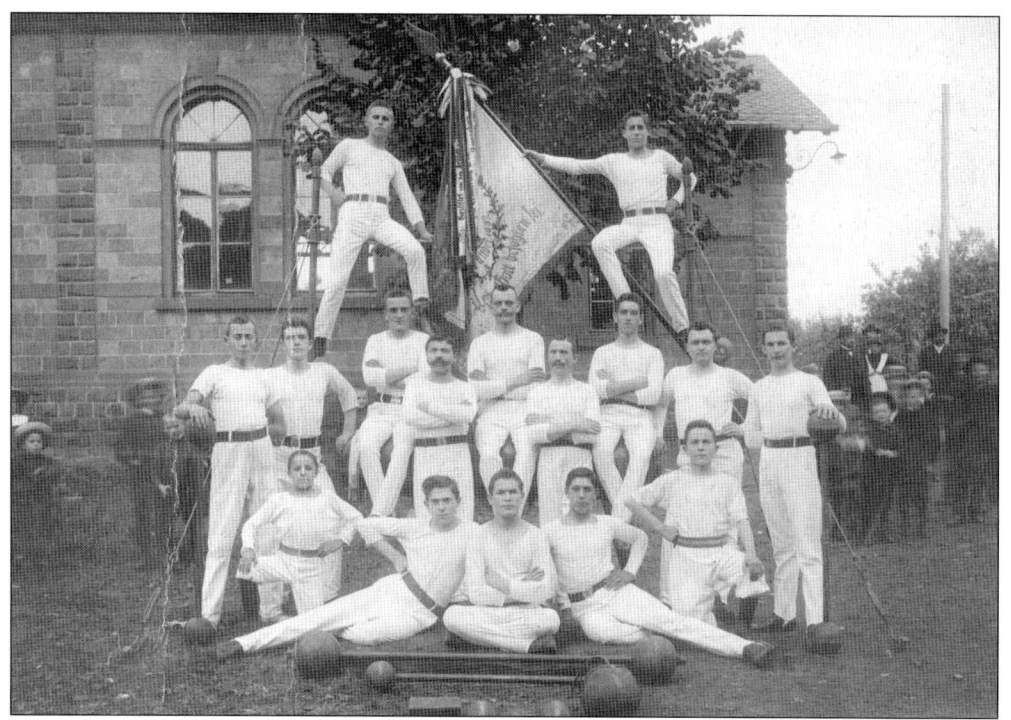

Eine kleine Schar von Jahn-Jüngern gründete 1882 den „Turnverein Bergzabern". Im Jahre 1902 posierten sie vor der neuen Turnhalle am Schloss.

Der Ausbruch des Ersten Weltkriegs verhinderte die Durchführung des Gauturnfestes; die Grußpostkarte wurde zu Makulatur.

Im Jahre 1926 trat die erste Damenriege an die Öffentlichkeit.

Einen eigenen Verein gründeten 1890 die Bergzaberner Radfahrer.

Die Bergzaberner spielten Fußball im „FC Kicker" und im „FC Vogesia", bis sie sich 1920 in der „Spielvereinigung" zusammentaten. Das Foto zeigt die 1. Mannschaft von 1926.

Als die Bergzaberner Buben 1946 wieder kickten, waren Fußballschuhe und Trikots Mangelware.

8
Schulen

Von 1895 bis 1965 hatten alle Schulen der Stadt in den Räumen des Schlosses Platz. Diese Lehrer und Schüler der Lateinschule wurden 1905 im Innenhof des Schlosses abgelichtet.

Das Kollegium der Lateinschule von 1905 und das des Gymnasiums von 1965.

Vor dem Portal der Synagoge wurde diese Klasse der Töchterschule fotografiert; 1930 wurde ihre Schule geschlossen.

1928 wurden die ersten Mädchen in die Lateinschule aufgenommen; sie machten schon im selben Jahr beim Schulsportfest mit.

Klassenausflug anno dazumal.

Grundschulklassen des Jahres 1933 vor der Jugendherberge neben dem Schloss; ein paar Schüler tragen schon die Kluft der Hitler-Jugend.

Um 1900 erlernten die Mädchen die Hauswirtschaft im Institut von Kaerner und Janke.

Großen Zuspruch erfuhr die Haushaltungsschule Waldmühle, die 1918 von den Speyerer Diakonissen eingerichtet wurde.

Schülerinnen der Waldmühle beim Kochen und Bügeln.

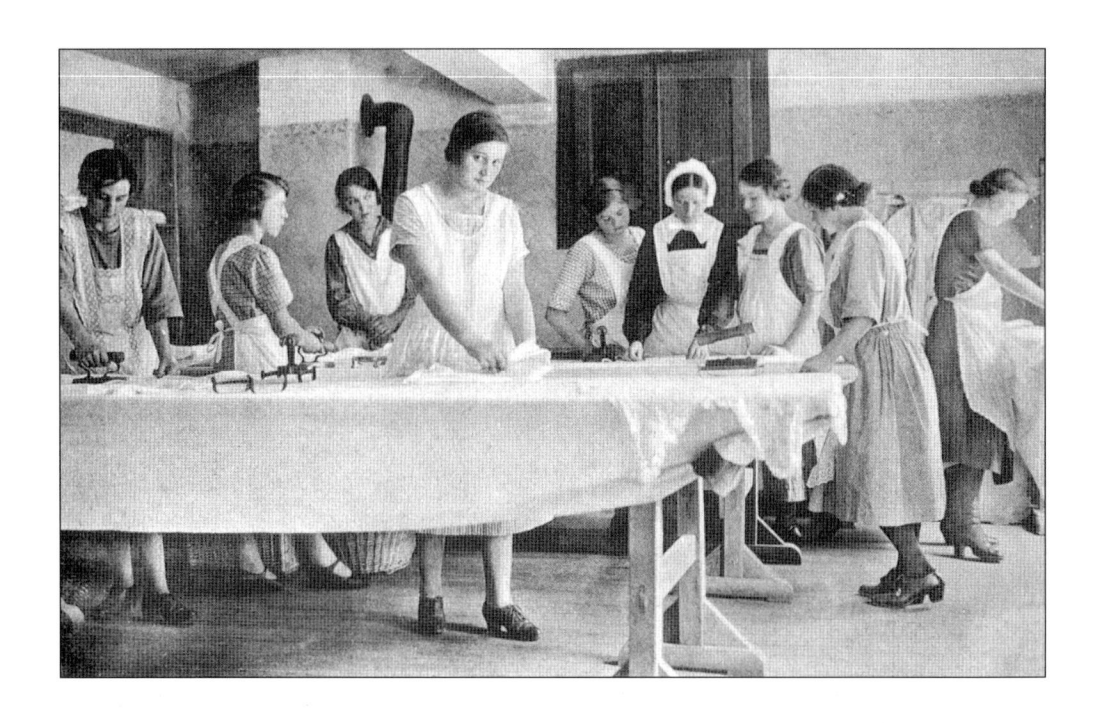

Während des Winterhalbjahres erhielten die jungen Bäuerinnen und Bauern Unterricht in der Landwirtschaftsschule des Landkreises, die 1930 ein eigenes Gebäude bezog.

Die Gebäude der Berufsbildenden Schule des Landkreises, die 1956 eingeweiht wurden. Das Foto stammt von Karl Kayser.

Feierstunde der Berufsbildenden Schule am 17. Juni 1962. Das Foto stammt von Karl Kayser.

Das Kollegium der Berufsbildenden Schule zu Beginn der 1970er-Jahre.

9
Kirchen

Die Marktkirche Bergzaberns, eine dreischiffige Hallenkirche vom Anfang des 14. Jahrhunderts, ist mehrfach umgestaltet worden. Sie kam zu Anfang des 16. Jahrhunderts in den Besitz der evangelischen Gemeinde und war von 1686 bis 1878 Simultankirche. Die Zeichnung ist der Versuch einer Rekonstruktion des Kirchenbaus von 1350, auf Grund der Forschungen von Richard Hummel.

Die Nordwand der Marktkirche vor der Umgestaltung des Jahres 1897 und heute.

Der Chor der Marktkirche weist ein gotisches Kreuzrippengewölbe auf; der Kanzelkorpus stammt aus dem Mittelalter.

Die Orgel in der Marktkirche ist ein Werk der Firma Friedrich Weigle aus Echterdingen. Beide Fotos entstanden um 1990.

Die lutherische Gemeinde baute 1730 auf dem Berg eine eigene Kirche. Diese Bergkirche war auch Hofkirche für die lutherischen Mitglieder des Zweibrücker Hofes. Das Foto entstand um 1935.

Die Bergkirche in der heutigen Zeit von Süden gesehen.

Die Bergkirche besitzt eines der schönsten Orgelwerke des 18. Jahrhunderts, geschaffen von Johann Carl Baumann aus Annweiler.

Kronprinz Rupprecht von Bayern vor dem Steinsarg einer Ahnfrau in der Gruft der Bergkirche, 1952.

Nachdem 1878 das Simultaneum in der Marktkirche aufgelöst war, bezog die katholische Gemeinde am Ludwigsplatz die Pfarrkirche St. Martin. Den Plan für den neugotischen Bau fertigte der Architekt Franz Schöberl.

Der Taufstein in der Martinskirche, an dem Edith Stein im Jahre 1922 die Taufe empfing. 1998 wurde sie von Papst Johannes Paul II. heilig gesprochen.

Blick durch das Kirchenschiff von St. Martin vor 1970 und heute.

Das „Gloria" sangen beide: der Kirchenchor der evangelischen Gemeinde von 1908 und der Cäcilienverein der katholischen Gemeinde von 1924.

10
Partnerstädte

Nach 1933 versuchte das NS-Regime, durch die „Patenweinaktion" die Absatzkrise in der Pfälzer Weinwirtschaft zu lösen. Es gewann „Patenstädte" im Deutschen Reich, die für Orte in der Pfalz und ihre Weine werben sollten. 1935 wurde Amberg Patenstadt Bergzaberns. In den 1950er-Jahren wurden die Beziehungen zwischen beiden Städten wieder belebt. Aus einer verordneten Patenschaft wurde eine gute Freundschaft.

Die Bergzaberner besuchten im Jahre 1936 ihre Amberger Paten.

126

Die Stadt Lichtenfels und andere Gemeinden Oberfrankens nahmen viele Menschen aus der Südpfalz auf, die zu Beginn des Zweiten Weltkrieges evakuiert worden war. In dieser Zeit entwickelten sich die Beziehungen zwischen Bergzabernern und Lichtenfelsern. Die enge Verbundenheit der Menschen aus beiden Städten bekräftigt eine Urkunde, die ihre Bürgermeister 1979 unterschrieben. Ein Symbol für die Partnerschaft ist der Weinberg, den ihre Stadträte bei der Lichtenfelser Friedenslinde angelegt haben.

Diese
Bücher aus
Ihrer Region sind
im Handel erhältlich:

Sutton Verlag
BÜCHER AUS IHRER REGION

Edenkoben
(Herbert Hartkopf)
3-89702-098-X / 14,90 € [D]

Landau. Erinnerungen in Bildern
(Werner Scharhag und Michael Martin)
3-89702-014-9 / 17,90 € [D]

Neustadt an der Weinstraße
(Helmut Hoffmann und Josef Salamon)
Zeitsprünge 3-89702-521-3 / 17,90 € [D]

Speyer. Ein historischer Bilderbummel
(Kukatzki, Steigner, Menrath und Hopstock)
3-89702-480-2 / 17,90 € [D]

Weinpfalz – Rheinpfalz
(Bernhard Kukatzki und Beate Steigner)
3-89702-426-8 / 17,90 € [D]

SUTTON VERLAG